PLUS
ON EN PARLE...
MOINS
ON LE FAIT!

WOLINSKI

PLUS ON EN PARLE... MOINS ON LE FAIT !

Flammarion

Du même auteur

Aux Éditions Flammarion :

Il n'y a plus d'hommes, 1988.

Aux Éditions Albin Michel :

Lettre ouverte à ma femme, 1978.
J'étais un sale phallocrate, 1979.
A bas l'amour copain ! 1980.
Ah, la crise ! 1981.
Ils vont tout casser ! 1981.
Junior, 1983.
Aïe ! 1984.
Tu m'aimes, 1985.
Coups de crayon. 1985

Chez d'autres éditeurs :

Histoires lamentables, Editions Hara-Kiri, 1965.
Carnet de croquis, Editions J.-J. Pauvert, 1967.
Ils ne pensent qu'à ça, Editions Denoël, 1967.
Je ne pense qu'à ça, tomes I, II, III, Editions J.-J. Pauvert, 1968.
Hit Parade, Editions Denoël, 1969.
Il n'y a pas que la politique dans la vie, Editions Denoël, 1970.
La vie compliquée de Georges le tueur, Editions du Square, 1971.
C'est pas normal, Editions du Square, 1973. Dargaud 1982.
Il ne faut pas rêver, Editions du Square, 1974. Dargaud 1982.
Les Français me font rire, Editions du Square, 1975.
Giscard n'est pas drôle, Editions du Square, 1976.
Cactus Joë, Editions du Square, 1977. Dargaud 1982.
C'est dur d'être patron, Editions du Square, 1978, Dargaud 1982.
Paulette (7 tomes, en collaboration avec Pichard pour les dessins), Editions du Square. Dargaud, 1983.
Wolinski à « l'Humanité », Editions L'Humanité, 1977-1978.
Mon corps est à elles, Editions du Square, 1979. Dargaud 1983.
N'importe quoi, Editions J.-J. Pauvert, 1979.
Wolinski à l'Huma, Editions Mazarine, 1980.
Les pensées, Editions Cherche-Midi, 1980.
Tout est politique, Editions Messidor, 1981.
A gauche toute, Editions Messidor, 1982.
On a gagné ! Editions Messidor, 1983.
On ne connaît pas notre bonheur, Editions Dargaud, 1982.
Le programme de la droite, Editions Denoël, 1986.
Je cohabite, Editions Denoël, 1986.
Gaston la bite, Editions Denoël, 1987.
Bonne Année, Editions Denoël, 1987.

Théâtre, en collaboration avec Claude Confortès :

Je ne veux pas mourir idiot, Editions J.-J. Pauvert.
Je ne pense qu'à ça, Editions J.-J. Pauvert.
Le roi des cons, Editions J.-J. Pauvert.

Cinéma :

Le roi des cons
Aldo et Junior
Le Cow-boy
Le Pizzaiolo

© Flammarion 1989
ISBN : 2-08-066370-4
Imprimé en France

ÉTAT DE CHOC

(JE NE RETIENS JAMAIS CE DONT J'AI ENVIE DE ME SOUVENIR. PAR CONTRE JE N'OUBLIE JAMAIS CE QUE J'AI ENVIE D'OUBLIER.)

ÉDITION

ÉDITION

MONSIEUR

MONSIEUR,
OUVREZ LES FRONTIÈRES
ET LES PAKISTANAIS,
LES ZOULOUS, LES CANAQUES
LES YOUGOSLAVES, LES TAMOULS
ET LES MAGHRÉBINS
S'ENGOUFFRENT CHEZ NOUS
POUR ACCAPARER NOTRE
CHOMAGE.

DÉJA QU'IL Y'EN A À PEINE POUR NOUS!

OUVREZ LES PORTES,
ET LES VOLEURS, LES RODEURS,
LES JEUNES, LES TZIGANES,
LES AMNISTIÉS, ET LES DROGUÉS
S'ENGOUFFRENT CHEZ VOUS
POUR DÉROBER VOS ÉCONOMIES,
ÉVENTRER VOTRE AÏEULE, ET
FORCER VOTRE TIROIR.

IL PARAIT QU'IL FAUT CHANGER DE SERRURE TOUS LES DEUX ANS

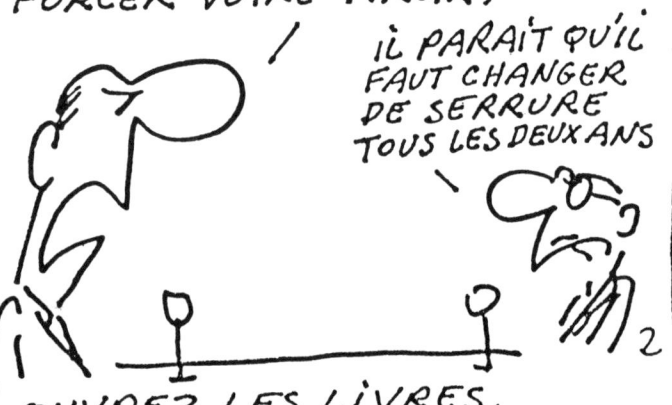

OUVREZ LES LIVRES,
ET LES FANTASMES, LES
PERVERSIONS, LES CHIENNERIES
ET LES COCHONNERIES
S'ENGOUFFRENT DANS VOTRE
ESPRIT POUR LE VICIER,
ET LE DÉVERGONDER.

HEUREUSEMENT, LES JEUNES NE LISENT PLUS.

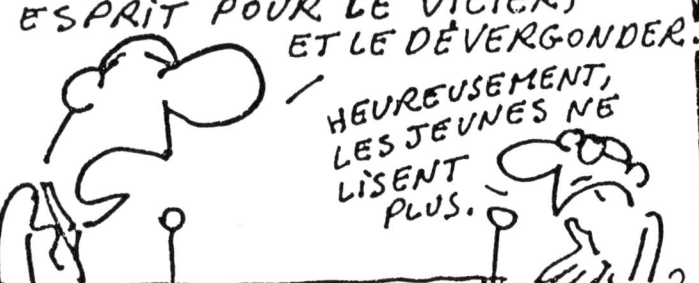

L'OUVERTURE
C'EST LE TROU,
LA BRÈCHE, LA
CREVASSE, LE GOUFFRE,
LA FISSURE,
LA FENTE
L'IMPUDEUR,
LA HONTE!

QUAND JE PENSE QUE MÊME GISCARD EST POUR L'OUVERTURE!

DEPUIS 1974 ON SAIT
QUE L'OUVERTURE SELON
GISCARD C'EST CELLE
DES JAMBES DES FEMMES
DANS LES FILMS PORNOS,
ET DANS LES CLINIQUES
DE L'AVORTEMENT.

C'EST VRAI QU'ON LUI DOIT LE MONUMENT AU FŒTUS INCONNU...

IL FAUDRAIT ENFERMER
LES PARTISANS DE
L'OUVERTURE DANS DES
PRISONS DE HAUTE SÉCURITÉ!

BOF! LA GAUCHE FINIRAIT PAR LES AMNISTIER

WOLINSKI

MONSIEUR

ARMAND

SI LA RÉVOLUTION N'AVAIT PAS EU LIEU...

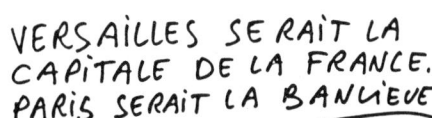

ELSA

FICHU ÉTAT !
(JE N'AIME QUE LES FEMMES FACILES, CE SONT LES SEULES QUI SE SONT VRAIMENT INTERESSÉ À MOI)

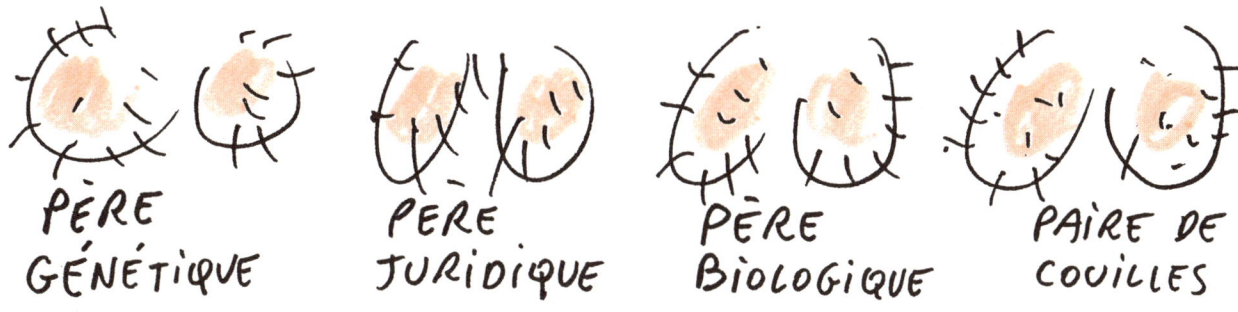

LE DONNEUR

MONSIEUR

MONSIEUR LORSQU'ON SE CONTENTAIT DE NAÎTRE, DE VIVRE, ET DE MOURIR, LA VIE ÉTAIT COMME UNE SYMPHONIE...

J'ADORE LA MUSIQUE SYMPHONIQUE!... CRESCENDO..

DE NOS JOURS, APRÈS AVOIR ÉTÉ DE SÉDUISANTS QUADRAGÉNAIRES, LES ROBUSTES QUINQUAGÉNAIRES DEVIENNENT DE SÉMILLANTS SEXAGÉNAIRES, PUIS DE PROLIFIQUES SEPTUAGÉNAIRES

PRESTO AGITATO

L'IMBÉCILE SURRACTIVITÉ DES SÉNILES QUI SE CROIENT JUVÉNILES DÉCOURAGE LA JEUNESSE, ET ENCOURAGE LA NÉFASTE ILLUSION QUE LA VIE COMMENCE À SOIXANTE ANS

AGITATO CON FORZA

LES TROIS AGES DE LA VIE SE CONFONDENT DANS UNE SOCIÉTÉ OÙ L'EXPÉRIENCE, LA TRADITION, ET LE RESPECT DES CONVENANCES SE PERDENT. QU'EST CE QUE LA VIE SANS LE SAVOIR-VIVRE?

ANDANTE MAESTOSO

MAIS AUSSI, QU'EST CE QUE LA MORT SANS LE SAVOIR-MOURIR? LES HOMMES CACHENT LEURS BARBES BLANCHES ET LEUR SÉNESCENCE COMME S'ILS AVAIENT HONTE DE LEUR FUNESTE DESTIN!

DIMINUEN

MONSIEUR. UN MONDE SANS VIEILLESSE EST UN MONDE SANS SAGESSE

ALLEGRO MA NON TROPPO

Wolinski 8

ELSA

ÉTAT D'ESPRIT

(J'AIME MIEUX VIVRE AVEC UNE FEMME QUI NE M'AIME PAS MAIS QUE J'AIME QU'AVEC UNE FEMME QUI M'AIME MAIS QUE JE N'AIME PAS)

ARMAND

MONSIEUR

MONSIEUR

NOSTALGIE

ARMAND

FEMME SEULE

MONSIEUR

1. MONSIEUR, SANS LE FANATISME NOUS SERIONS ENCORE DES SINGES.
— IL PARAIT QU'ON A LA TÉLÉ LA PLUS PORNO DU MONDE!

2. SANS LE FANATISME IL N'Y AURAIT PAS DE PYRAMIDES, DE CATHÉDRALES, DE STADES, D'AUTOROUTES, DE GRATTE-CIELS, ET DE MOUVEMENTS DE MASSE.
— L'AUTRE SOIR SUR LA 5, IL Y AVAIT UNE BLONDE AVEC UNE DE CES PAIRES DE NICHONS!

3. LES FANATIQUES SONT DISCIPLINÉS, GALVANISÉS, INSPIRÉS, DÉVOUÉS, ZÉLÉS, SPEEDÉS, EXALTÉS. "ON NE FAIT RIEN DE GRAND SANS LE FANATISME" A DIT FLAUBERT.
— IL Y A DE LA FESSE SUR LE PAF!

4. LES FANATIQUES SONT LE DERNIER ESPOIR DE CE MONDE SCEPTIQUE, TIÈDE, ATHÉE, CONSENSUEL, COHABITATIONNISTE, IMMORAL ET DÉSESPÉRÉMENT COOL.
— JE VAIS PEUT-ÊTRE M'ABONNER À CANAL+. JE SUIS FANA DE BOXE.

5. L'OCCIDENT COCOONISTE VA-T-IL CÉDER LE MONOPOLE DU FANATISME AUX MUSULMANS COMME IL A ABANDONNÉ L'ÉLECTRONIQUE AUX JAPONAIS ?
— REMARQUEZ MÊME SANS DÉCODEUR ON VOIT BIEN CE QU'ELLES FONT...

6. MONSIEUR, C'EST DOMMAGE QUE KHOMEYNI NE SOIT QU'AYATOLLAH IL MÉRITERAIT D'ÊTRE PAPE !...
— LES CHAMPIONNES DE LA TURLUTE PORTERAIENT UN TCHADOR.

WOLINSKI

ELSA

— VOUS ÊTES UNE FEMME VOUS DEVRIEZ COMPRENDRE..

— MA PETITE, SI ON ME PAYE PLUS CHER QUE LES HOMMES C'EST PARCE QUE JE SUIS PLUS VACHE QU'EUX !

Wolinski

ARMAND

ÉTAT D'ÂME

(MA SEULE FORCE C'EST QUE MES FAIBLESSES ME FONT RIRE)

Cet album
a été achevé d'imprimer en septembre 1989
sur les presses de Maury-Imprimeur S.A.
à Malesherbes

Dépôt légal : octobre 1989
Numéro d'impression : H 89/27632 P. Numéro d'édition : 12209
Imprimé en France